About Skill Builders
Spanish II
Grades K–5

S0-AFC-289

Welcome to Skill Builders *Spanish II* for grades K–5. This book is designed to help children master essential Spanish vocabulary through focused practice. This full-color workbook contains grade-level appropriate activities based on national standards to help ensure that children master basic vocabulary before progressing.

More than 70 pages of activities cover essential vocabulary topics, such as fruits and vegetables, clothing and accessories, household items, and modes of communication. The book's colorful, inviting format and easy-to-follow directions help build children's confidence and make learning Spanish more accessible and enjoyable.

The Skill Builders series offers workbooks that are perfect for keeping children current during the school year or preparing them for the next grade.

www.carsondellosa.com
Carson-Dellosa Publishing LLC
Greensboro, North Carolina

ISBN 978-1-936023-36-3
09-210191151

Contenido (Table of Contents)

El español en el mundo
(Spanish Around the World)

    Did you know that Spanish is spoken by more than 358 million people in Spain, the Americas, Australia, and Africa? In the early twenty-first century, Mexico had the greatest number of Spanish speakers (more than 85 million people)! Spanish is a Romance Language. The Romance Languages are a related group of languages that come from a form of Latin. French, Portuguese, Italian, and Romanian are also Romance Languages, but Spanish has the most speakers. It is the official language of 19 North and South American countries, Spain, and Equatorial Guinea.

Los números (Numbers)

Escribe las palabras en español. (Write the words in Spanish.)

1

2

_____

_____

3

4

_____

_____

5

6

_____

_____

7

8

_____

_____

9

10

_____

_____

11	12
13	14
15	16
17	18
19	20

Los números (Numbers)

Escribe las palabras en español. (Write the words in Spanish.)

21 veintiuno

22 veintidós

_____

_____

23 veintitrés

24 veinticuatro

_____

_____

25 veinticinco

26 veintiséis

_____

_____

27 veintisiete

28 veintiocho

_____

_____

29 veintinueve

30 treinta

_____

_____

31 treinta y uno

32 treinta y dos

_____

_____

33 treinta y tres

34 treinta y cuatro

_____

_____

35 treinta y cinco

36 treinta y seis

_____

_____

37 treinta y siete

38 treinta y ocho

_____

_____

39 treinta y nueve

40 cuarenta

_____

_____

Los números (Numbers)

¿Cuántos hay? Escribe las palabras en español.

(How many are there? Write the words in Spanish.)

_____

_____

_____

_____

_____

_____

Escribe los números. (Write the numbers.)

Example: trece __13__

veintitrés	_____	cuarenta	_____
doce	_____	treinta y ocho	_____
treinta y seis	_____	quince	_____
dieciséis	_____	siete	_____
diecinueve	_____	cuatro	_____
veinticuatro	_____	catorce	_____

$$
\begin{array}{ccc}
6 & 22 & 31 \\
+\,4 & +\,7 & +\,5 \\
\hline
\underline{\hspace{3cm}} & \underline{\hspace{3cm}} & \underline{\hspace{3cm}}
\end{array}
$$

_____   _____   _____

_____   _____   _____

_____   _____   _____

El calendario (Calendar)

Escribe las palabras en español. (Write the words in Spanish.)

el calendario (calendar)

_____

el mes (month)

_____

la semana (week)

_____

el día (day)

_____

el año (year)

_____

Los meses (Months)

 enero

_____

 febrero

_____

 marzo

_____

abril

_____

mayo

_____

junio

_____

julio

_____

agosto

_____

septiembre

_____

octubre

_____

noviembre

_____

diciembre

_____

Note: The months of the year are **not** capitalized in Spanish.

El calendario (Calendar)

Escribe el mes siguiente. (Write the month that follows.)

diciembre _____

agosto _____

mayo _____

febrero _____

septiembre _____

octubre _____

enero _____

abril _____

marzo _____

junio _____

noviembre _____

julio _____

Escribe *la semana, el año, el día* **o** *el mes* **en el espacio
en blanco.** (Write *la semana, el año, el día,* or *el mes* in the blanks.)

doce meses = _____

cuatro semanas = _____

siete días = _____

veinticuatro horas = _____

Escribe el mes apropiado. (Write the appropriate month.)

_____

_____

En el supermercado (At the Supermarket)

Escribe las palabras en español. (Write the words in Spanish.)

el carrito

_____

la bolsa

_____

la balanza

_____

el precio

_____

la caja registradora

_____

el cajero

_____

la comida

_____

Escribe la palabra en español que corresponde a los números del dibujo. (Write the Spanish word that corresponds to the numbers in the picture.)

1. _____   4. _____

2. _____   5. _____

3. _____   6. _____

Las frutas (Fruits)

Escribe las palabras en español. (Write the words in Spanish.)

la pera

_____

el plátano

_____

la cereza

_____

la fresa

_____

la uva

_____

el limón

la naranja

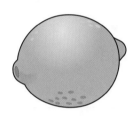

la lima

la sandía

el tomate

Las legumbres (Vegetables)

Escribe las palabras en español. (Write the words in Spanish.)

la zanahoria

_____

el maíz

_____

la lechuga

_____

el brócoli

_____

la papa

_____

la cebolla

_____

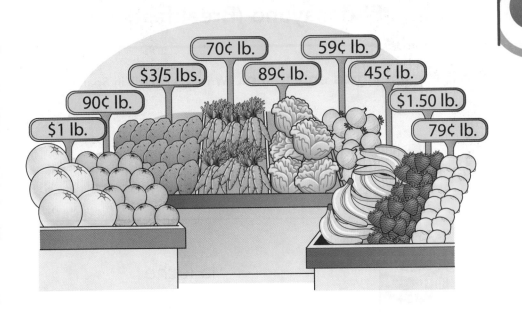

Escribe los alimentos según los precios en español.

(Write the food in Spanish according to the prices.)

$1 lb. _____   90¢ lb. _____

70¢ lb. _____   59¢ lb. _____

45¢ lb. _____ $1.50 lb. _____

79¢ lb. _____   89¢ lb. _____

Note: In many towns in Spanish-speaking countries, fresh fruits and vegetables are sold at outdoor markets.

El desayuno (Breakfast)

Escribe las palabras en español. (Write the words in Spanish.)

 el café

_____

 la leche

_____

 el jugo de naranja

_____

 los huevos

_____

 el pan tostado

_____

 los panqueques

_____

el tocino

_____

las salchichas

_____

el cereal

_____

el panecillo

_____

Escribe en español los alimentos del desayuno que ves en los dibujos. (Write in Spanish the breakfast foods in the pictures.)

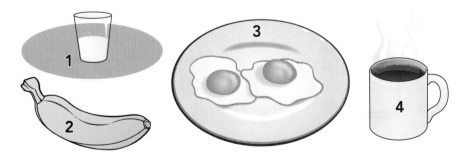

1. _____   3. _____

2. _____   4. _____

El almuerzo (Lunch)

Escribe las palabras en español. (Write the words in Spanish.)

 el sándwich

_____

 la hamburguesa

_____

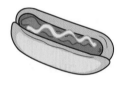 el perro caliente

_____

 la salsa de tomate

_____

 la mostaza

_____

el yogur

_____

los macarrones con queso

_____

Escribe lo que comes en el almuerzo.

(Write what you eat for lunch.)

_____

_____

La cena (Dinner)

Escribe las palabras en español. (Write the words in Spanish.)

el bistec

_____

el pollo

_____

el pescado

_____

la ensalada

_____

la sopa

_____

el arroz

_____

la pasta

_____

¿Qué comen ellos en la cena? (What are they having for dinner?)

1. _____   3. _____

2. _____   4. _____

¿Y qué comes tú? (And, what do you eat?)

_____

_____

La salud (Health)

Escribe las palabras en español. (Write the words in Spanish.)

la medicina

_____

las pastillas

_____

el jarabe

_____

la vendita

_____

la inyección

_____

dolor de cabeza

_____

dolor de muelas

_____

dolor de estómago

_____

dolor de garganta

_____

tos

_____

La salud (Health)

Escribe las palabras en español. (Write the words in Spanish.)

la herida

_____

la sangre

_____

el termómetro

_____

el médico

_____

la enfermera

_____

¿Qué les duele? (What Ails Them?)

Dibuja líneas para emparejar cada enfermedad
con su tratamiento adecuado.

(Draw lines matching each ailment to the proper treatment.)

el jarabe

la vendita

la pastilla

la medicina

el termómetro

Los accesorios (Accessories)

Escribe las palabras en español. (Write the words in Spanish.)

 el cinturón

_____

 el anillo

_____

 la pulsera

_____

 el collar

_____

 el reloj

_____

el sombrero

_____

la bufanda

_____

los anteojos

_____

las gafas de sol

_____

la cartera

_____

Los accesorios (Accessories)

Escribe las palabras en español. (Write the words in Spanish.)

la mochila

_____

el paraguas

_____

las botas

_____

el peine

_____

el cepillo

_____

Identifica y escribe la ropa y los accesorios en español.

(Identify and label the clothing and accessories in Spanish.)

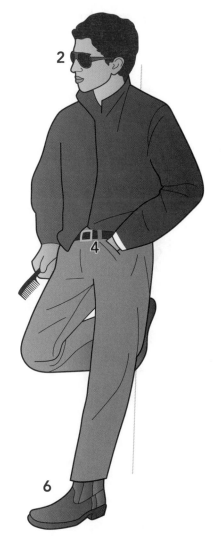

1. _____

2. _____

3. _____

4. _____

5. _____

6. _____

Cosas de la casa (Household Items)

Escribe las palabras en español. (Write the words in Spanish.)

la lavadora

_____

la secadora

_____

la escoba

_____

la aspiradora

_____

la tostadora

_____

la licuadora

_____

el ventilador

_____

el lavaplatos

_____

el horno de microondas

_____

el trapeador

_____

Cosas de la casa (Household Items)

Escribe las palabras en español. (Write the words in Spanish.)

las cortinas

_____

las persianas

_____

la sábana

_____

la almohada

_____

la cobija

_____

Dibuja los objetos y escríbelos en español.

(Draw the objects listed and label them in Spanish.)

broom

blanket

mop

_____

_____

_____

blender

vacuum cleaner

fan

_____

_____

_____

toaster

curtains

dryer

_____

_____

_____

Las herramientas y los materiales
(Tools and Materials)

Escribe las palabras en español. (Write the words in Spanish.)

el martillo

_____

los clavos

_____

el destornillador

_____

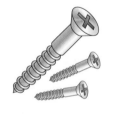

los tornillos

_____

el serrucho

_____

los alicates

_____

la llave de tuercas

_____

el taladro

_____

el rastrillo

_____

la pala

_____

Las herramientas y los materiales
(Tools and Materials)

Escribe las palabras en español. (Write the words in Spanish.)

el hacha

_____

la madera

_____

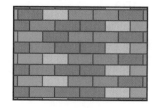

el ladrillo

_____

la cinta de medir

_____

el balde

_____

Aparea y escribe la letra que corresponde.

(Match and write the corresponding letter.)

A. wrench

B. bucket

C. screwdriver

D. nails

E. rake

F. hammer

G. shovel

H. brick

I. screws

J. drill

K. wood

L. ax

M. pliers

N. saw

_____ el ladrillo

_____ los alicates

_____ el rastrillo

_____ los clavos

_____ el hacha

_____ el destornillador

_____ el balde

_____ el serrucho

_____ la madera

_____ los tornillos

_____ la llave de tuercas

_____ la pala

_____ el taladro

_____ el martillo

La comunicación (Communication)

Escribe las palabras en español. (Write the words in Spanish.)

la carta

_____

el periódico

_____

la revista

_____

el cartel

_____

la cartelera

_____

el disco compacto

_____

el teléfono

_____

la radio

_____

el televisor

_____

el satélite

_____

La comunicación (Communication)

Escribe las palabras en español. (Write the words in Spanish.)

la computadora

_____

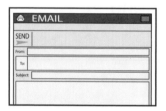

el correo electrónico

_____

Internet

_____

la boca

_____

los gestos

_____

Escribe la comunicación en español.

(With what am I communicating?)

_____ _____ _____

Escribe la palabra en español que corresponda a los números del dibujo. (Write the Spanish word that corresponds to the numbers in the picture.)

1. _____   4. _____

2. _____   5. _____

3. _____   6. _____

Las actividades (Activities)

Escribe las palabras en español. (Write the words in Spanish.)

comer

_____

beber

_____

dormir

_____

correr

_____

caminar

_____

leer

_____

hablar

_____

escribir

_____

escuchar

_____

bailar

_____

Las actividades (Activities)

Escribe las palabras en español. (Write the words in Spanish.)

reír

_____

llorar

_____

comprar

_____

cantar

_____

mirar

_____

48

¿Qué hacen? (What are they doing?)

Escribe en español las actividades enumeradas.

(Write in Spanish the numbered activities.)

1. _____   5. _____

2. _____   6. _____

3. _____   7. _____

4. _____   8. _____

En la ciudad (In the City)

Escribe las palabras en español. (Write the words in Spanish.)

los edificios

_____

el rascacielos

_____

el restaurante

_____

el hotel

_____

la biblioteca

_____

la escuela

_____

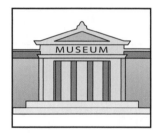

la estación de tren

_____

el museo

_____

la estación de policía

_____

la estación de bomberos

_____

En la ciudad (In the City)

Escribe las palabras en español. (Write the words in Spanish.)

la fábrica

_____

las oficinas

_____

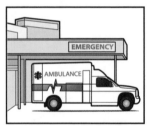

el hospital

_____

el almacén

_____

el supermercado

_____

la panadería

_____

la farmacia

_____

la juguetería

_____

el cine

_____

el estacionamiento

_____

En la ciudad (In the City)

Escribe en español dónde encontrarías estas cosas.

(Write in Spanish where you would find each of these things.)

Escribe en español los edificios enumerados.

(Write in Spanish the numbered buildings.)

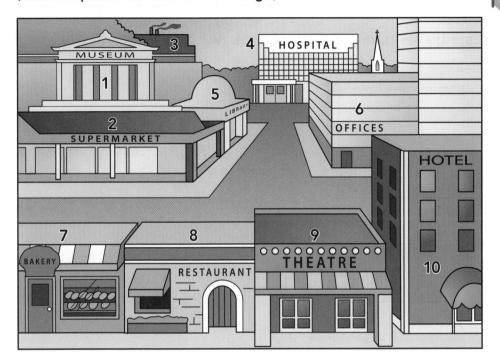

1. _____

2. _____

3. _____

4. _____

5. _____

6. _____

7. _____

8. _____

9. _____

10. _____

En el banco (At the Bank)

Escribe las palabras en español. (Write the words in Spanish.)

la cajera

_____

el billete

_____

las monedas

_____

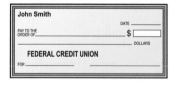

el cheque

_____

el talonario

_____

la caja fuerte

_____

la caja de seguridad

_____

el guardia de seguridad

_____

la cámara

_____

el cajero automático

_____

En el banco (At the Bank)

Escribe las palabras en español. (Write the words in Spanish.)

la billetera

_____

la tarjeta de débito

_____

la tarjeta de crédito

_____

la cerradura

_____

la llave

_____

Escribe las palabras en español. (Write the words in Spanish.)

1. _____   5. _____

2. _____   6. _____

3. _____   7. _____

4. _____   8. _____

En el campo (In the Country)

Escribe las palabras en español. (Write the words in Spanish.)

la granja

_____

el agricultor

_____

el granero

_____

el tractor

_____

el heno

_____

el ganso

_____

el gallo

_____

la gallina

_____

los pollitos

_____

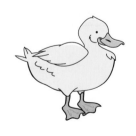

el pato

_____

En el campo (In the Country)

Escribe las palabras en español. (Write the words in Spanish.)

la vaca

_____

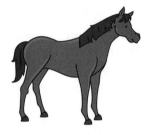

el caballo

_____

la oveja

_____

el cordero

_____

la cabra

_____

Dibuja cada animal u objeto. (Draw each animal or object.)

el granero

el heno

el caballo

el agricultor

el pato

el ganso

el tractor

el gallo

la gallina

la cabra

la oveja

el cordero

los pollitos

la vaca

Los animales silvestres (Wild Animals)

Escribe las palabras en español. (Write the words in Spanish.)

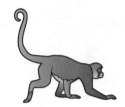

el mono

_____

el león

_____

el tigre

_____

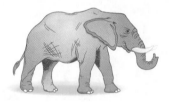

el elefante

_____

la cebra

_____

el gorila

_____

la jirafa

_____

el oso

_____

el canguro

_____

el camello

_____

Los animales silvestres (Wild Animals)

Escribe las palabras en español. (Write the words in Spanish.)

la foca

_____

la morsa

_____

el hipopótamo

_____

la culebra

_____

el cocodrilo

_____

Empareja los animales con su número en el dibujo.

(Match the animals with their number in the picture.)

_____ el canguro

_____ la cebra

_____ el tigre

_____ la foca

_____ la jirafa

_____ el mono

_____ el oso

_____ el camello

_____ el cocodrilo

_____ la culebra

_____ la morsa

_____ el gorila

_____ el león

_____ el elefante

_____ el hipopótamo

La naturaleza (Nature)

Escribe las palabras en español. (Write the words in Spanish.)

el árbol

_____

la hoja

_____

la hierba

_____

la planta

_____

la flor

_____

el río

el lago

el océano

la playa

el cielo

La naturaleza (Nature)

Escribe las palabras en español. (Write the words in Spanish.)

la montaña

_____

el desierto

_____

el bosque

_____

el valle

_____

la selva

_____

Escribe en español las partes de la naturaleza que ves.

(Write in Spanish the parts of nature that you see.)

_____   _____

_____   _____

_____   _____

_____

   _____

_____

_____

_____

Repaso (Review)

Draw a line from the Spanish word to the appropriate English word, then find the Spanish word in the puzzle on page 73.

anteojos	beach
balde	broom
cantar	bucket
carta	coins
escoba	duck
escuela	farm
fresa	fish
granja	glasses
hoja	grape
lechuga	key
leche	leaf
leer	letter
llave	lettuce
monedas	milk
morsa	museum
museo	school
pato	strawberry
pescado	to read
playa	to sing
uva	walrus

Buscapalabras (Word Search)

```
S C D G A O L A Q T V X F H P
L N B R N Y L B Y C L F C G E
F P U B T P A T O T U E O R S
B A L D E M V U V A T F C G C
D W E Y O L E C H U G A J H U
B D E A J T S E K F R E S A E
D P R Q O T C L M I A Q G O L
Y L U B S I O Y U O N N H Y A
G A S C K U B C S W J U O B X
R Y C E A P A M E N A X J F V
P A W A U R Y M O N E D A S B
H K K W N L T L V R S Q H W S
X A Q U W T Q A I R S P G T G
G V P E S C A D O C S A W C S
C S Y N M U P R T J V A Z S F
```

Clave de respuestas (Answer Key)

PAGE 4

uno	(one)
dos	(two)
tres	(three)
cuatro	(four)
cinco	(five)
seis	(six)
siete	(seven)
ocho	(eight)
nueve	(nine)
diez	(ten)

PAGE 5

once	(eleven)
doce	(twelve)
trece	(thirteen)
catorce	(fourteen)
quince	(fifteen)
dieciséis	(sixteen)
diecisiete	(seventeen)
dieciocho	(eighteen)
diecinueve	(nineteen)
veinte	(twenty)

PAGE 6

21 veintiuno	(twenty-one)
22 veintidós	(twenty-two)
23 veintitrés	(twenty-three)
24 veinticuatro	(twenty-four)
25 veinticinco	(twenty-five)
26 veintiséis	(twenty-six)
27 veintisiete	(twenty-seven)
28 veintiocho	(twenty-eight)
29 veintinueve	(twenty-nine)
30 treinta	(thirty)

PAGE 7

31 treinta y uno	(thirty one)
32 treinta y dos	(thirty two)
33 treinta y tres	(thirty three)
34 treinta y cuatro	(thirty four)
35 treinta y cinco	(thirty five)
36 treinta y seis	(thirty six)
37 treinta y siete	(thirty seven)
38 treinta y ocho	(thirty eight
39 treinta y nueve	(thirty nine)
40 cuarenta	(forty)

PAGE 8

diecisiete	(seventeen)
treinta	(thirty)
veintiuno	(twenty-one)
veintiséis	(twenty-six)
cuarenta	(forty)
treinta y cinco	(thirty-five)

PAGE 9

23	40
12	38
36	15
16	7
19	4
24	14
diez	(ten)
veintinueve	(twenty-nine)
treinta y seis	(thirty-six)

35, venticinco, diez, treinta y cinco
(35, twenty-five, ten, thirty-five)
27, veintitrés, cuatro, veintisiete)
(27, twenty-three, four,
twenty-seven)
18, doce, séis, dieciocho
(18, twelve, six, eighteen)

PAGE 10

el calendario	(calendar)
el mes	(month)
la semana	(week)
el día	(day)
el año	(year)
enero	(January)
febrero	(February)
marzo	(March)

PAGE 11

abril	(April)
mayo	(May)
junio	(June)
julio	(July)
agosto	(August)
septiembre	(September)
octubre	(October)
noviembre	(November)
diciembre	(December)

Clave de respuestas (Answer Key)

PAGE 12

enero	(January)
septiembre	(September)
junio	(June)
marzo	(March)
octubre	(October)
noviembre	(November)
febrero	(February)
mayo	(May)
abril	(April)
julio	(July)

PAGE 13

diciembre	(December)
agosto	(August)
el año	(year)
el mes	(month)
la semana	(week)
el día	(day)
febrero	(February)
octubre	(October)

PAGE 14

el carrito	(cart)
la bolsa	(bag)
la balanza	(scale)
el precio	(price)
la caja registradora	(cash register)

PAGE 15

el cajero	(cashier)
la comida	(food)
1. el precio	(price)
2. el cajero	(the cashier)
3. la caja registradora	(cash register)
4. la bolsa	(the bag)
5. la comida	(the food)
6. el carrito	(the cart)

PAGE 16

la pera	(pear)
el plátano	(banana)
la cereza	(cherry)
la fresa	(strawberry)
la uva	(grape)

PAGE 17

el limón	(lemon)
la naranja	(orange)
la lima	(lime)
la sandía	(watermelon)
el tomate	(tomato)

PAGE 18

la zanahoria	(carrot)
el maíz	(corn)
la lechuga	(lettuce)
el brócoli	(broccoli)
la papa	(potato)
la cebolla	(onion)

PAGE 19

las toronjas	(grapefruit)
las naranjas	(oranges)
las zanahorias	(carrots)
las cebollas	(onions)
las plátanos	(bananas)
las fresas	(strawberries)
los limones	(lemons)
las lechugas	(lettuce)

PAGE 20

el café	(coffee)
la leche	(milk)
el jugo de naranja	(orange juice)
los huevos	(eggs)
el pan tostado	(toast)
los panqueques	(pancakes)

Clave de respuestas (Answer Key)

PAGE 21
el tocino	(bacon)
las salchichas	(sausages)
el cereal	(cereal)
el panecillo	(muffin)
1. la leche	(milk)
2. el plátano	(banana)
3. los huevos	(eggs)
4. el café	(coffee)

PAGE 22
el sándwich	(sandwich)
la hamburguesa	(hamburger)
el perro caliente	(hotdog)
la salsa de tomate	(ketchup)
la mostaza	(mustard)

PAGE 23
el yogur	(yogurt)
los macarrones con queso	(macaroni and cheese)

Answers will vary.

PAGE 24
el bistec	(steak)
el pollo	(chicken)
el pescado	(fish)
la ensalada	(salad)
la sopa	(soup)

PAGE 25
el arroz	(rice)
la pasta	(pasta)
1. el pollo	(chicken)
2. la ensalada	(salad)
3. la pasta	(pasta)
4. la sopa	(soup)

Answers will vary.

PAGE 26
la medicina	(medicine)
las pastillas	(pills)
el jarabe	(cough syrup)
la vendita	(adhesive bandage)
la inyección	(injection)

PAGE 27
dolor de cabeza	(headache)
dolor de muelas	(toothache)
dolor de estómago	(stomach ache)
dolor de garganta	(sore throat)
tos	(cough)

PAGE 28
la herida	(wound)
la sangre	(blood)
el termómetro	(thermometer)
el médico	(doctor)
la enfermera	(nurse)

PAGE 29
dolor de garganta	(line to el termómetro)
dolor de cabeza	(line to la pastilla)
tos	(line to el jarabe)
dolor de estómago	(line to la medicina)
herida	(line to la vendita)

PAGE 30
el cinturón	(belt)
el anillo	(ring)
la pulsera	(bracelet)
el collar	(necklace)
el reloj	(watch)

PAGE 31
el sombrero	(hat)
la bufanda	(scarf)
los anteojos	(glasses)
las gafas de sol	(sunglasses)
la cartera	(handbag)

PAGE 32
la mochila	(backpack)
el paraguas	(umbrella)
las botas	(boots)
el peine	(comb)
el cepillo	(hairbrush)

Clave de respuestas (Answer Key)

PAGE 33
1. los anteojos — (glasses)
2. las gafas de sol — (sunglasses)
3. el paraguas — (umbrella)
4. el cinturón — (belt)
5. la cartera — (handbag)
6. las botas — (boots)

PAGE 34
la lavadora — (washing machine)
la secadora — (dryer)
la escoba — (broom)
la aspiradora — (vacuum cleaner)
la tostadora — (toaster)

PAGE 35
la licuadora — (blender)
el ventilador — (fan)
el lavaplatos — (dishwasher)
el horno de microondas — (microwave)
el trapeador — (mop)

PAGE 36
las cortinas — (curtains)
las persianas — (blinds)
la sábana — (sheet)
la almohada — (pillow)
la cobija — (blanket)

PAGE 37
la escoba — (broom)
la cobija — (blanket)
el trapeador — (mop)
la licuadora — (blender)
la aspiradora — (vacuum cleaner)
el ventilador — (fan)
la tostadora — (toaster)
las cortinas — (curtains)
la secadora — (dryer)

PAGE 38
el martillo — (hammer)
los clavos — (nails)
el destornillador — (screwdriver)
los tornillos — (screws)
el serrucho — (saw)

PAGE 39
los alicates — (pliers)
la llave de tuercas — (wrench)
el taladro — (drill)
el rastrillo — (rake)
la pala — (shovel)

PAGE 40
el hacha — (ax)
la madera — (wood)
el ladrillo — (brick)
la cinta de medir — (tape measure)
el balde — (bucket)

PAGE 41
H el ladrillo — (brick)
M los alicates — (pliers)
E el rastrillo — (rake)
D los clavos — (nails)
L el hacha — (ax)
C el destornillador — (screwdriver)
B el balde — (bucket)
N el serrucho — (saw)
K la madera — (wood)
I los tornillos — (screws)
A la llave de tuercas — (wrench)
G la pala — (shovel)
J el taladro — (drill)
F el martillo — (hammer)

PAGE 42
la carta — (letter)
el periódico — (newspaper)
la revista — (magazine)
el cartel — (poster)
la cartelera — (billboard)

Clave de respuestas (Answer Key)

PAGE 43
el disco compacto	(compact disc)
el teléfono	(telephone)
la radio	(radio)
el televisor	(television)
el satélite	(satellite)

PAGE 44
la computadora	(computer)
el correo electrónico	(email)
Internet	(Internet)
la boca	(mouth)
los gestos	(gestures)

PAGE 45
la boca	(mouth)
la carta	(letter)
los gestos	(gestures)
1. el periódico	(newspaper)
2. la boca	(mouth)
3. el teléfono	(telephone)
4. la radio	(radio)
5. los gestos	(gestures)
6. el televisor	(television)

PAGE 46
comer	(to eat)
beber	(to drink)
dormir	(to sleep)
correr	(to run)
caminar	(to walk)

PAGE 47
leer	(to read)
hablar	(to talk)
escribir	(to write)
escuchar	(to listen)
bailar	(to dance)

PAGE 48
reír	(to laugh)
llorar	(to cry)
comprar	(to buy)
cantar	(to sing)
mirar	(to watch)

PAGE 49
1. hablar	(to talk)
2. escuchar	(listen)
3. comprar	(to buy)
4. beber	(to drink)
5. comer	(to eat)
6. leer	(to read)
7. dormir	(to sleep)
8. correr	(to run)

PAGE 50
los edificios	(building)
el rascacielos	(skyscrapers)
el restaurante	(restaurant)
el hotel	(hotel)
la biblioteca	(library)

PAGE 51
la escuela	(school)
la estación de tren	(train station)
el museo	(museum)
la estación de policía	(police station)
la estación de bomberos	(fire station)

PAGE 52
la fábrica	(factory)
las oficinas	(offices)
el hospital	(hospital)
el almacén	(store)
el supermercado	(supermarket)

PAGE 53
la panadería	(bakery)
la farmacia	(pharmacy)
la juguetería	(toy store)
el cine	(movie theater)
el estacionamiento	(parking lot)

PAGE 54
la estación de tren	(train station)
la panadería	(bakery)
la escuela	(school)
la estación de bomberos	(fire station)
la farmacia	(pharmacy)

Clave de respuestas (Answer Key)

la juguetería	(toy store)
el almacén	(store)
el supermercado	(supermarket)
el museo	(museum)

PAGE 55
1. el museo — (museum)
2. el supermercado — (supermarket)
3. la fábrica — (factory)
4. el hospital — (hospital)
5. la biblioteca — (library)
6. las oficinas — (offices)
7. la panadería — (bakery)
8. el restaurante — (restaurant)
9. el cine — (movie theater)
10. el hotel — (hotel)

PAGE 56
la cajera	(bank teller)
el billete	(bill)
las monedas	(coins)
el cheque	(check)
el talonario	(checkbook)

PAGE 57
la caja fuerte	(safe)
la caja de seguridad	(safety deposit box)
el guardia de seguridad	(security guard)
la cámara	(CCTV camera)
el cajero automático	(ATM)

PAGE 58
la billetera	(wallet)
la tarjeta de débito	(debit card)
la tarjeta de crédito	(credit card)
la cerradura	(lock)
la llave	(key)

PAGE 59
1. la cámara — (CCTV)
2. el guardia de seguridad — (security guard)

3. la llave — (key)
4. la caja de seguridad — (safety deposit box)
5. el talonario — (checkbook)
6. el cajero automático — (ATM)
7. la cajera — (teller)
8. el billete — (dollar bill)

PAGE 60
la granja	(farm)
el agricultor	(farmer)
el granero	(barn)
el tractor	(tractor)
el heno	(hay)

PAGE 61
el ganso	(goose)
el gallo	(rooster)
la gallina	(hen)
los pollitos	(chick)
el pato	(duck)

PAGE 62
la vaca	(cow)
el caballo	(horse)
la oveja	(sheep)
el cordero	(lamb)
la cabra	(goat)

Page 63
Students should draw the animals and objects listed.

PAGE 64
el mono	(monkey)
el león	(lion)
el tigre	(tiger)
el elefante	(elephant)
la cebra	(zebra)

PAGE 65
el gorila	(gorilla)
la jirafa	(giraffe)
el oso	(bear)
el canguro	(kangaroo)
el camello	(camel)

Clave de respuestas (Answer Key)

PAGE 66
la foca	(seal)
la morsa	(walrus)
el hipopótamo	(hippopotamus)
la culebra	(cobra)
el cocodrilo	(crocodile)

PAGE 67
8	el canguro	(kangaroo)
2	el cocodrilo	(crocodile)
5	la cebra	(zebra)
9	la culebra	(cobra)
12	el tigre	(tiger)
6	la morsa	(walrus)
1	la foca	(seal)
4	el gorila	(gorilla)
10	la jirafa	(giraffe)
13	el león	(lion)
3	el mono	(monkey)
7	el elefante	(elephant)
14	el oso	(bear)
11	el hipopótamo	(hippopotamus)
15	el camello	(camel)

PAGE 68
el árbol	(tree)
la hoja	(leaf)
la hierba	(grass)
la planta	(plant)
la flor	(flower)

PAGE 69
el río	(river)
el lago	(lake)
el océano	(ocean)
la playa	(beach)
el cielo	(sky)

PAGE 70
la montaña	(mountain)
el desierto	(desert)
el bosque	(forest)
el valle	(valley)
la selva	(jungle)

PAGE 71
Answers will vary, but may include:
la montaña (mountain), el bosque (forest), el río (river), el cielo (sky)
el árbol (tree), la planta (plant)
el lago (lake), la flor (flower),
la hierba (grass)
el árbol (tree), el océano (ocean),
la playa (beach), el cielo (sky)

PAGES 72–73
anteojos	(glasses)
balde	(bucket)
cantar	(to sing)
carta	(letter)
escoba	(broom)
escuela	(school)
fresa	(strawberry)
granja	(farm)
hoja	(leaf)
lechuga	(lettuce)
leche	(milk)
leer	(to read)
llave	(key)
monedas	(coins)
morsa	(walrus)
museo	(museum)
pato	(duck)
pescado	(fish)
playa	(beach)
uva	(grape)

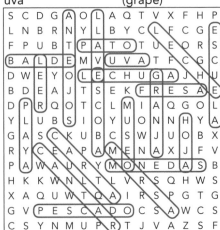